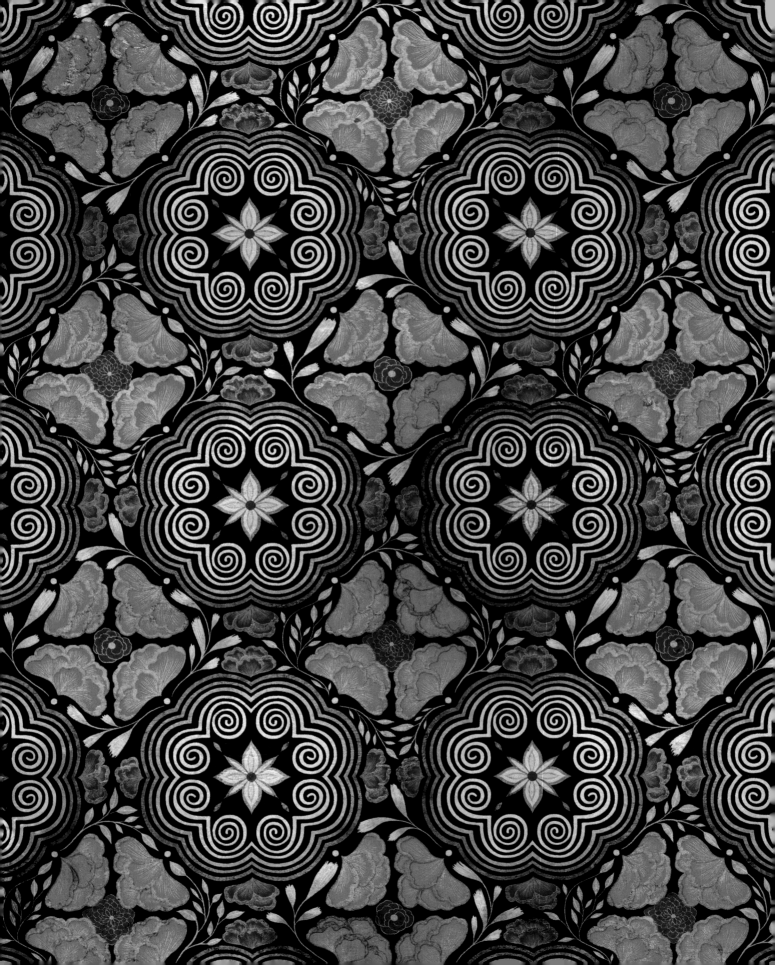

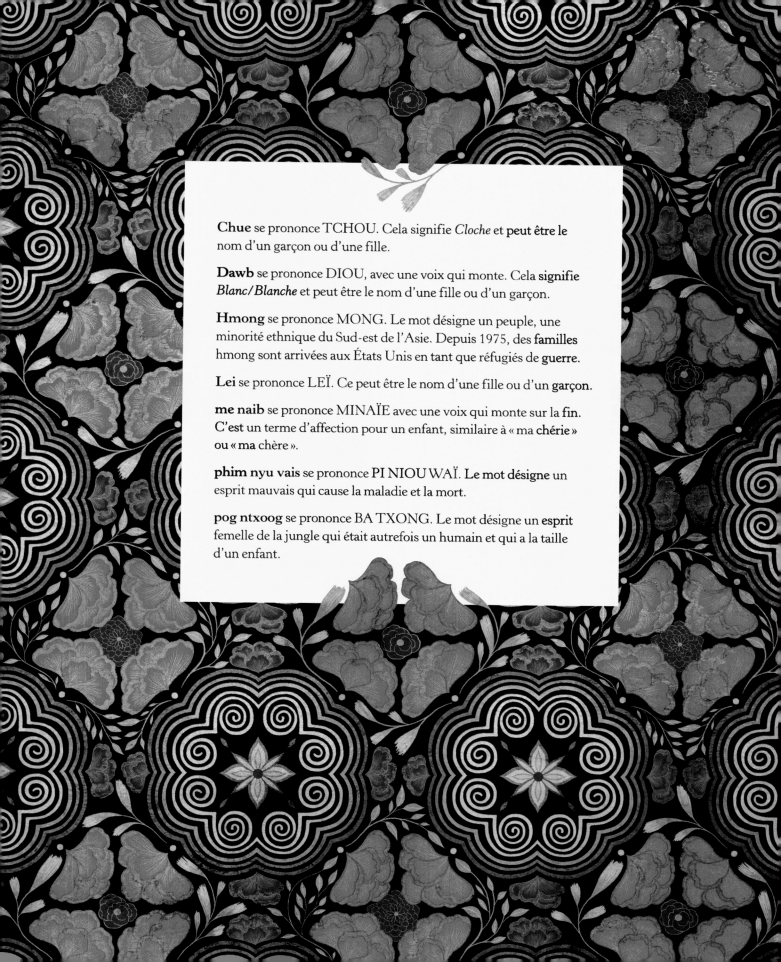

Chue se prononce TCHOU. Cela signifie *Cloche* et peut être le nom d'un garçon ou d'une fille.

Dawb se prononce DIOU, avec une voix qui monte. Cela signifie *Blanc/Blanche* et peut être le nom d'une fille ou d'un garçon.

Hmong se prononce MONG. Le mot désigne un peuple, une minorité ethnique du Sud-est de l'Asie. Depuis 1975, des familles hmong sont arrivées aux États Unis en tant que réfugiés de guerre.

Lei se prononce LEÏ. Ce peut être le nom d'une fille ou d'un garçon.

me naib se prononce MINAÏE avec une voix qui monte sur la fin. C'est un terme d'affection pour un enfant, similaire à « ma chérie » ou « ma chère ».

phim nyu vais se prononce PI NIOU WAÏ. Le mot désigne un esprit mauvais qui cause la maladie et la mort.

pog ntxoog se prononce BA TXONG. Le mot désigne un esprit femelle de la jungle qui était autrefois un humain et qui a la taille d'un enfant.

Pour l'éternelle beauté du sourire d'une grand-mère. Pour Youa Lee,
la grand-mère de ce livre, et Joua Thao, la grand-mère que je n'ai
jamais rencontrée mais dont l'amour brille au travers de ma mère.
—K.K.Y.

Pour Grand-mère, qui oubliait tout mais qui ne sera jamais oubliée
—K.L.

Traduction française : copyright © 2021 par Lerner Publishing Group, Inc.
Titre original : *The Most Beautiful Thing*
Traduction française par Zab Translation

Copyright © 2020 Kao Kalia Yang pour le texte
Copyright © 2020 Khoa Le pour les illustrations

Carolrhoda Books®
Impression de Lerner Publishing Group, Inc.
241 First Avenue North
Minneapolis, MN 55401 USA

Pour les niveaux de lecture et obtenir davantage d'informations, recherchez ce titre à l'adresse de www.lernerbooks.com.

Conception Emily Harris.
La police de corps de texte est Horley Old Style MT Std Semibold. Caractères typographiques fournis par Monotype Typography.
Les illustrations de ce livre ont été créées par un média mixte et Photoshop.

Données de publication du catalogue de la Bibliothèque du Congrès

The Cataloging-in-Publication Data for the English version of *The Most Beautiful Thing* is on file at the Library of Congress.
ISBN 978-1-5415-6191-5 (lib. bdg.)
ISBN 978-1-5415-9937-6 (eb pdf)

Enregistrement LC disponible à https://lccn.loc.gov/2019050935
Enregistrement ebook LC disponible à https://lccn.loc.gov/2019050936

Fabriqué aux États Unis d'Amérique
2-51693-49937-9/7/2021

La plus belle des choses

Kao Kalia Yang

Illustré par Khoa Le

Carolrhoda Books • Minneapolis

Ma grand-mère est si vieille que personne ne connait son âge.

Ni moi, ni ma grande sœur Dawb, ni notre grand cousin Lei.

Mon père attend patiemment pendant que nous essayons de deviner son âge. Bien qu'il soit le neuvième et le plus jeune enfant de ma grand-mère, lui-même ne connait pas son âge.

Tout ce que nous savons c'est que ma grand-mère est née de l'autre côté du monde, de l'autre côté d'un large océan.

Ma grand-mère vient d'une époque et d'un endroit où des créatures se cachent dans la jungle en attendant de chasser les enfants imprudents. Elle nous a raconté qu'une fois elle a fixé les yeux luisants d'un tigre et senti son haleine sur son visage.

Quand je suis née, ma grand-mère avait déjà
un visage de vieille femme. Sa peau était douce
mais sèche comme du papier et elle n'avait
qu'une seule dent dans la bouche.

Grand-mère disait, « Cette dernière dent, que
ma mère et mon père m'ont donnée, est la seule
chose solide qui me reste dans la bouche. »

J'ai demandé à voir une photo de ses parents.

Elle a dit « Me naib, ils ont vécu bien avant que
les Hmong apprennent des choses comme les
photographies. » Elle a posé sa main sur son coeur
et a dit « la seule image que j'ai d'eux se trouve là. »

La plus chanceuse des petits-enfants avait le privilège
d'aider à prendre soin de Grand-ma.

Lei devait laver à la main les vêtements de Grand-ma
dans l'évier de la salle de bains avec un savon rose qui
sentait bon.

Dawb devait laver le doux dos bronzé
dans la baignoire avec un gant de
toilette savonneux.

Et moi ? Je devais lui
couper les ongles des mains
et des pieds pendant que
Grand-ma restait assise sur
son tabouret préféré à la
lumière de la fenêtre.

Je me souviens encore de la peau rugueuse de ses talons, de l'épaisseur des ongles de ses orteils entre mes doigts. Je peux encore voir la plante de ses pieds, épaisse, brune et toute craquelée, ses fissures remplies d'une poussière venue de loin dans le temps et l'espace.

Grand-ma m'a raconté que sa mère et son père
sont morts quand elle était une petite fille.

Grand-ma n'était encore qu'une enfant, mais elle
a dû s'occuper de ses deux plus jeunes frères et de
sa soeur encore bébé.

De là où j'étais assise, à ses pieds, j'ai regardé
Grand-ma et je lui ai demandé : « comment est-ce
que tu trouvais de la nourriture pour eux ? »

Grand-ma m'a répondu, « je ne pouvais pas
trouver assez à manger. Nous vivions toujours
avec la faim au ventre. »

Pendant mes années vécues avec elle, Grand-ma
n'a jamais refusé de la nourriture, même si elle

La camionnette du glacier chantait sa chanson depuis le bas de la rue. J'ai cherché de la monnaie sous le canapé. Il n'y en avait pas. Alors j'ai pris des cubes de glace dans le congélateur.

J'en ai donné un à Grand-ma dans mon gobelet en plastique rouge. Elle m'a sourit.

Quand j'ai voulu une nouvelle robe pour la rentrée en troisième année, ma mère m'a dit qu'elle n'avait pas assez d'argent. Elle m'a donné quelques nickels et une pièce de dix centimes qu'elle a trouvé dans son sac.

J'ai acheté des bonbons à la menthe à l'épicerie du quartier. Quand je suis rentrée à la maison, j'ai offert à Grand-ma un des bonbons que j'avais dans la paume de mes mains. Elle m'a sourit.

A la table ronde aux pieds tremblants, j'ai utilisé ma cuillère pour mélanger et mélanger le bol de soupe qui était au centre et que nous partagions tous. Il n'y avait pas de morceaux de viande, seulement des os, et des légumes verts.

Mon père disait, « le prix de la viande est trop cher au marché, me naib. »

J'ai trouvé un gros morceau d'os
que j'ai mis dans ma cuillère pour
offrir à Grand-ma. Elle m'a sourit.

Nous n'avions beaucoup de viande que lorsque nous fêtions le nouvel an Hmong avec nos tantes, oncles et cousins. La vieille table succombait sous le poids des poulets entiers, beaucoup plus que notre famille pourrait jamais manger. Après le dîner, une fois notre ventre bien plein, mes cousins et moi nous nous asseyions sur le tapis autour de Grand-ma qui nous racontait des histoires.

Elle commençait toujours par « C'était il y a longtemps et j'étais juste une petite fille . . . »

En l'écoutant, nos yeux étaient tout écarquillés. Grand-ma tordait ses doigts, l'un au-dessus de l'autre, pour nous montrer à quoi des mains de *poj ntxoog*, des esprits de la jungle qui ne sont pas plus grands que des enfants, ressemblaient. Elle nous apprenait à écouter les cris du redoutable *phim nyu vais* en retenant notre respiration jusqu'à ce que nous entendions les battements de notre cœur.

Nous étions toujours tristes quand Tante Chue criait, « C'est l'heure d'aider au nettoyage, les enfants. »

Par une froide journée, alors que la neige tapait contre
les vitres et que la lumière tombait, j'ai demandé à
Grand-ma d'où venait la poussière de ses pieds.

Elle m'a dit qu'elle n'avait pas de chaussure après la mort
de sa mère et de son père. Elle est partie pieds nus dans
les montagnes pour s'occuper du champ de la famille.
Elle s'est aventurée dans la jungle pour chercher des
racines sauvages, des pousses de bambou, et des
champignons comestibles. Et un jour elle a été
pourchassée par un tigre - pendant sa fuite, son
pied nu s'est ouvert sur les branches tombées à
terre et comme elle continuait de courir, le sang
et la poussière se mélangeaient à la boue à
chaque pas.

J'ai tenu ses pieds dans mes bras et les ai serré près de mon coeur, un gros câlin pour la route difficile qu'elle a dû parcourir pour me rejoindre.

Couper les ongles de Grand-ma allait de plus en plus
vite chaque année, parce que je devenais pus forte,
plus grande et plus capable. Chaque année, les pieds
de Grand-ma semblaient de plus en plus petits dans
mes mains et sur mes genoux.

Ses histoires aussi prenaient de plus en plus de temps
avec les années qui passaient. Les pauses entre les
mots s'allongeaient.

Quelquefois, lorsque Grand-ma cherchait les mots que les années lui faisaient oublier, je devenais distraite, je regardais les jouets au sol qu'il fallait ramasser, les devoirs à finir, et les enfants plus jeunes qui devaient prendre leur bain.

Sa respiration calme et profonde me ramenait au moment présent - mais alors c'était pour la voir endormie, une main posée contre la fenêtre pour soutenir sa tête.

Je commençais à me sentir malheureuse de notre vie. J'en avais assez de sortir des cubes de glace du congélateur quand j'avais envie de crème glacée. J'en avais assez de ne jamais avoir de nouvelle robe pour la rentrée des classes. J'en avais assez de ronger l'os de la soupe alors que j'aurais voulu de la viande pour moi et pour Grand-ma.

Un soir, j'ai bien regardé mon visage dans le miroir de la salle de bains, en souhaitant que mes dents soient droites. Je suis sortie de la salle de bains et j'ai dit « Maman, Papa, je veux un appareil dentaire. Je peux en avoir un ? »

Ma mère, qui était en train d'allaiter ma petite soeur, a levé les yeux et dit, « nous n'avons pas d'argent. Peut-être l'année prochaine ? »

Mon père, qui était en train de faire sauter sur ses genoux mon autre petite soeur, a levé les yeux et dit « j'aimerais bien que nous puissions te donner un appareil dentaire, me naib, mais on ne peut pas tout de suite. »

Ma grand-mère m'a regardé de son tabouret spécial près de la grande fenêtre. « Kalia, » a-t-elle dit. « Regarde-moi. »

Je me suis tournée vers elle dans la lueur du début de soirée. Le soleil était bas dans le ciel, et la lumière dorée du soleil couchant tombait sur son visage.

Grand-ma m'a demandé, « mon sourire n'est il pas beau ? »

À cet instant, j'ai vu toutes les fois où ma grand-mère
m'avait sourit. Je pouvais sentir les cubes de glace sur
ma langue, qui fondaient et apaisaient la chaleur de
ma langue, la douceur sucrée des bonbons de
menthe forte, et les saveurs du bouillon d'os
dans les bols de légumes bouillis.

Même maintenant, je peux encore voir la dent unique de ma **grand-mère**, toute blanche dans l'ombre, fièrement debout dans sa bouche.

Son sourire était la plus belle des choses.

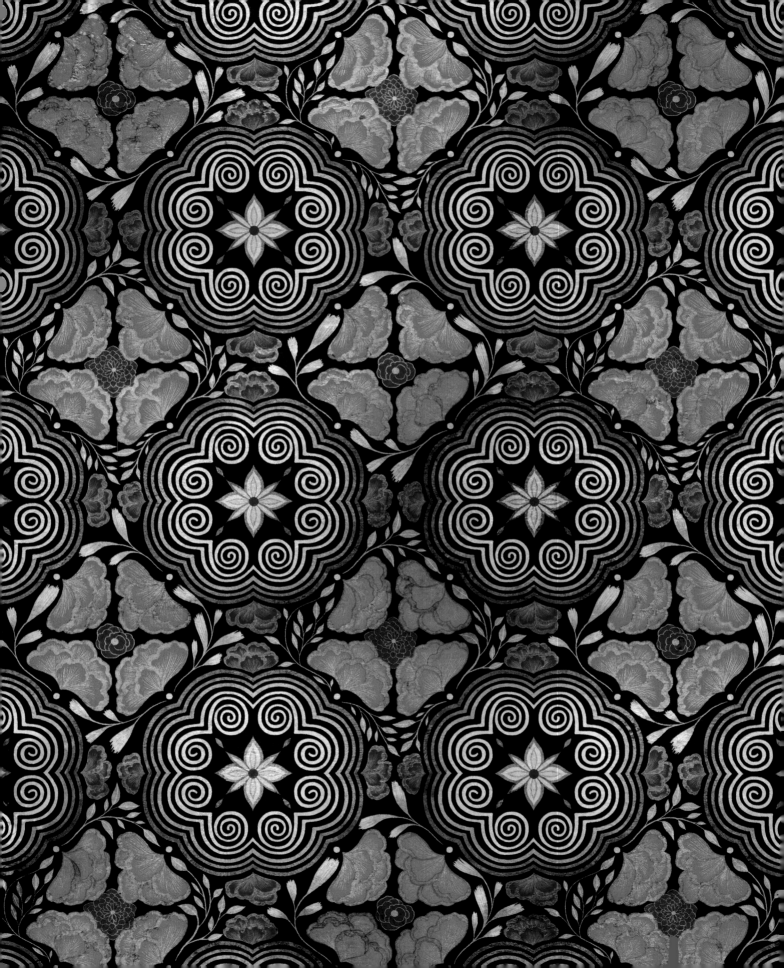

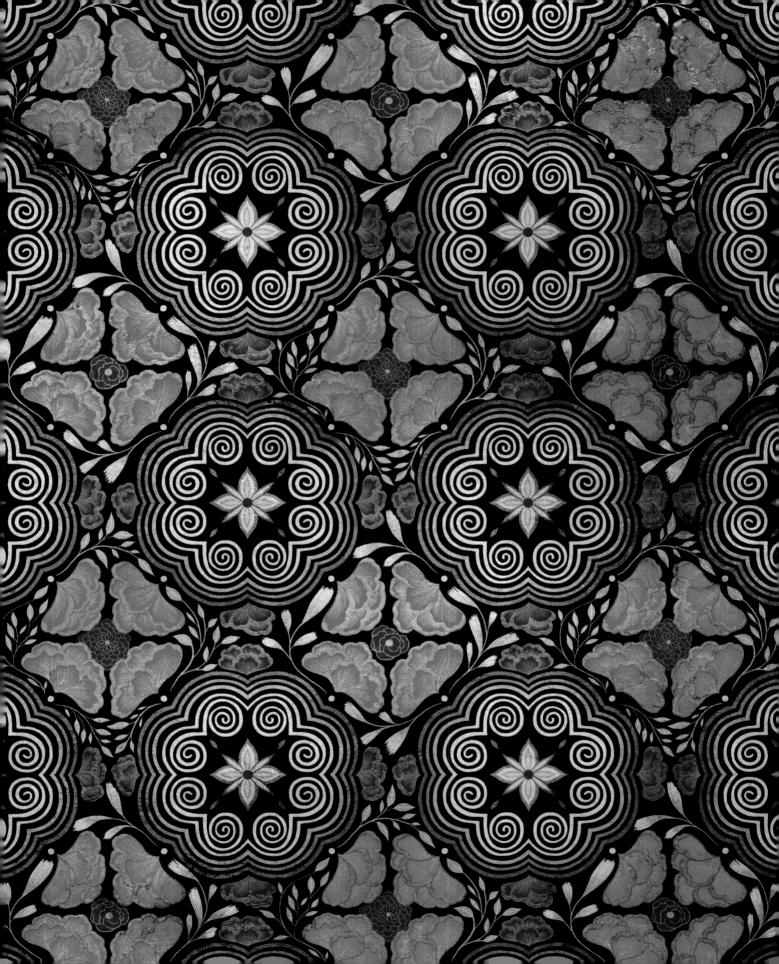

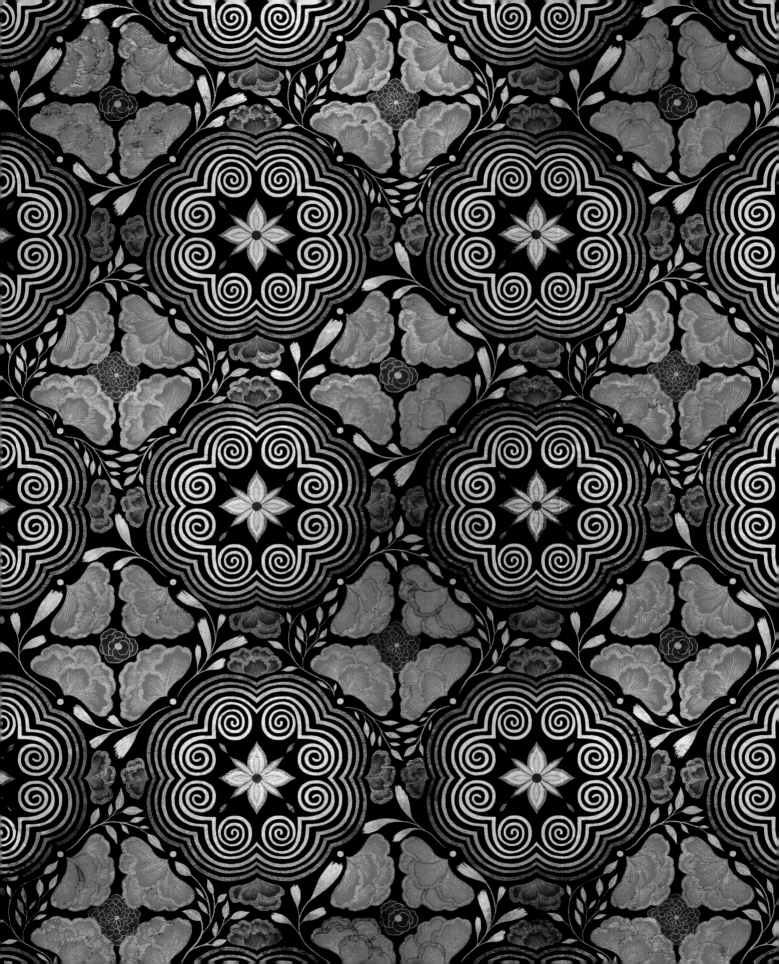